Originalausgabe

Bilderbuchtext von Cornelia Neudert
auf Basis der TV-Folge »Wissper – Platzprobleme«
Originaltitel der TV-Folge: »Meerkat Muddle«, Drehbuch von Arabella Warner

Umschlaggestaltung und Satz: Bastei Media, Erfurt
Gesetzt aus der Mikado und der Jambo
Druck und Einband: Grafisches Centrum Cuno GmbH & Co.KG, Calbe (Saale)

Printed in Germany
ISBN 978-3-8339-0458-5

5 4 3 2 1

Sie finden uns im Internet unter www.baumhaus-verlag.de
Bitte beachten Sie auch www.luebbe.de

MIX
Papier aus verantwortungsvollen Quellen
FSC® C043106

Ein verlagsneues Buch kostet in Deutschland und Österreich jeweils überall dasselbe. Damit die kulturelle Vielfalt erhalten und für die Leser bezahlbar bleibt, gibt es die gesetzliche Buchpreisbindung. Ob im Internet, in der Großbuchhandlung, beim lokalen Buchhändler, im Dorf oder in der Großstadt – überall bekommen Sie Ihre verlagsneuen Bücher zum selben Preis.

Wissper

Ein Tag bei den Erdmännchen

BAUMHAUS

Was für ein Durcheinander:
Überall im Wohnzimmer stapeln sich Papas Bücher.
Mittendrin sitzt Papa in ein Buch vertieft auf dem Sofa.

In der Küche steht alles voller Tüten vom Einkauf.
»Wo ist mein Tablet?«,
fragt Ralph.

»Vielleicht in deinem Zimmer, Ralphie?«, schlägt Wissper vor.

»Ich heiße Ralph, nicht Ralphie«,

knurrt ihr Bruder und sucht weiter.

Mama kramt währenddessen zwischen den Einkaufstüten herum.

»Es ist unmöglich, hier irgendetwas zu finden! Wo ist denn bloß mein Autoschlüssel? Ich hab's eilig!«,

schimpft sie.

»Manchmal habe ich das Gefühl, dieses Haus ist zu klein für uns alle.«

Mama schiebt eine Einkaufstüte zur Seite. Dahinter sitzt ein Erdmännchen! Wissper hat es sofort entdeckt.

Hoffentlich hat Mama nichts bemerkt.
»Dein Schlüssel liegt neben dem Telefon, Mama«, sagt Wissper schnell.
Dankbar greift Mama nach dem Schlüssel und geht.

Wissper schaut das Erdmännchen fragend an.
»Hallo!«, sagt es. »Ich bin Monty!«
»Hallo, ich bin Wissper«, stellt Wissper sich vor.
»Was machst du denn hier?«

Monty schnuppert zwischen den Einkaufstüten herum.
»Ach, bei uns zu Hause ist es gerade sehr ungemütlich«, sagt er. »Wir haben da ein Problem, ja, ein Problem.«
Er schüttelt eine Dose mit Tomaten.
»Vielleicht kann ich dir helfen?«, fragt Wissper.
»Weiß nicht«, antwortet Monty. »Die anderen Erdmännchen finden, unser Erdloch ist zu klein für uns alle,

viel zu klein.«

Monty hämmert mit der Faust auf die Dose, um sie zu öffnen. Anscheinend hat er Hunger. Wissper holt eine Schüssel mit Äpfeln aus dem Kühlschrank.

Monty schnappt sich einen Apfel und

happs, happs, happs

hat er ihn abgenagt, noch ehe Wissper die Kühlschranktür wieder schließen kann.

»Hallo!«,

piepst es da hinter dem Orangensaft. Aus dem Kühlschrank hüpft nun auch noch Peggy Pinguin. So viel Besuch! Wissper umarmt das Pinguin-Baby. Dann fragt sie: »Peggy, kommst du mit? Monty braucht unsere Hilfe!«

Und so hüpfen Wissper, Monty und der kleine Pinguin zusammen hinaus in den Sandkasten im Garten. Wissper holt ihre Panflöte aus der Tasche.

»Schhh!«, flüstert sie.

»Augen fest zu, Wissper eilt herbei und hilft im Nu!«,

singt sie. Sand steigt hoch, wirbelt glitzernd um die drei herum – und in einem Zaubernebel reisen sie in die Wüstenwelt, wo Monty zu Hause ist.

»Puh, heiß!«, piepst Peggy überrascht.
Vor dem Erdmännchen-Bau steht eine lange Schlange Erdmännchen. Alle paar Minuten geht das vorderste in den Bau hinein. Dafür springt irgendwo anders wieder ein Erdmännchen heraus.

Monty zeigt auf den Bau. »Sieh nur, Wissper«, klagt er. »Es ist einfach zu wenig Platz! Wir müssen uns abwechseln, um im kühlen Bau ein Nickerchen zu machen.«

Wissper findet, dass der Bau eigentlich recht groß und geräumig aussieht, doch ehe sie noch etwas sagen kann, piepst Peggy:

»Pingwing schwitzt!!«

Ohne zu warten, bis es an der Reihe ist, hüpft das Pinguin-Baby in den Erdmännchen-Bau hinein.
»He, hinten anstellen!
Du bist noch nicht dran!«, beschwert sich das vorderste Erdmännchen.

Peggy hört gar nicht hin.
Übermütig rutscht sie in den Gängen des Erdmännchenbaus herum, von Höhle zu Höhle, und macht dabei

ein mächtiges Tohuwabohuuuuuuu.

Wissper kichert. »Jetzt weiß ich, was wir brauchen, um euer Problem zu lösen«, sagt sie zu Monty.
»Was denn?«

»Mehr Pinguine!«

»Wie bitte???«, ruft Monty erschrocken.

Doch Wissper ist schon dabei, Peggys ganze Familie aus der Eiswelt herbeizurufen.

»Schhh!«

Und **– WUSCH –** im Nu sind alle da!
»Alle Pinguine in den Bau!«, ruft Wissper. »Eins, zwei, drei, los!«
Das gefällt den Pinguinen. Sofort stürzen sie sich in den Erdmännchen-Bau und juchzen und rutschen wie Peggy durch die Gänge.

Die Erdmännchen flüchten ins Freie. So ein Durcheinander!

Überall Pinguine!

»Wie soll uns das helfen?«, fragt Monty verzweifelt.
»Warte ab, bis sie wieder rauskommen«, antwortet Wissper.
»Dann wirst du schon sehen!«

Wissper ruft die Pinguine, und

floppdiwopp

kommen alle wieder aus dem Bau herausgeploppt.
Als Monty jetzt hineinschaut, ist es in den Gängen ganz still und leer.
Und alles wirkt viel größer als vorher!
Begeistert winkt er den Erdmännchen zu.
»Kommt! Da drin ist Platz für uns alle!«
Seine Freunde jubeln und laufen in ihren Bau.

Tatsächlich!
Plötzlich kommt den Erdmännchen ihr Bau wieder wunderbar geräumig vor, und es macht ihnen gar nichts mehr aus, wenn sie mal zu zweit in einer Höhle liegen müssen.
Alle passen hinein, und alle sind zufrieden.

Monty steckt den Kopf hinaus zu Wissper und den Pinguinen. »Job erledigt!«, ruft er.

»Top Banana!«

Wissper lacht und winkt ihm zu.

Dann legt sie den Finger an die Lippen und singt: »**Schhh!**

**Augen fest zu,
Wissper und Freunde
halfen im Nu …«**

In einem Wirbel aus glitzerndem Sand kehren die Pinguine zurück in die Eiswelt und Wissper zurück nach Hause.

Papa und Ralph haben inzwischen aufgeräumt. Ralph hat sein Tablet wiedergefunden, und als Mama zurückkommt, sagt sie:

»Hach, zu Hause ist es eben doch am schönsten!«

Wissper findet es zu Hause auch schön.
Aber bei den Erdmännchen gefällt es ihr mindestens genauso gut. Und bei den Pinguinen auch.